JN409708

Flower
Paper
Card

내 손으로 만드는
플라워 페이퍼 카드

1판 1쇄 인쇄 2022년 4월 4일
1판 1쇄 발행 2022년 4월 11일

지은이 영민
펴낸이 신주현 이정희
마케팅 임수빈
디자인 조성미
제작 (주)아트인

펴낸곳 미디어샘
출판등록 2009년 11월 11일 제311-2009-33호

주소 03345 서울시 은평구 통일로 856 메트로타워 1117호
전화 02) 355-3922 | 팩스 02) 6499-3922
전자우편 mdsam@mdsam.net

ISBN 978-89-6857-211-1 13630

www.mdsam.net

Flower Paper Card

내 손으로 만드는

플라워 페이퍼 카드

영민 지음

미디어샘

Prologue

프롤로그

종이를 잘라 무언가를 만드는 일은 언제나 저에게 큰 기쁨을 주는 취미였어요. 복잡한 도안을 차분히 오리고 있으면 마음이 편해집니다. 일종의 명상 같기도 하죠. 종이라는 재료는 가볍고, 무엇이든 그릴 수 있고, 원하는 대로 모양을 만들 수 있어요. 가끔 무한한 가능성을 가진 재료처럼 느껴집니다. 꽃의 싱그러움을 좋아하지만, 받은 지 며칠 만에 시들고 마는 꽃들을 보며 아쉽다는 생각을 참 많이 했습니다. 또 그 계절을 놓치고 나면 보기 힘든 꽃들을 그리워하기도 하고요.

시들지 않는 꽃이 있으면 좋겠다는 마음, 그런 꽃을 선물하고 싶다는 마음으로 종이에 꽃들을 그리고 오렸습니다. 제가 사랑하는 꽃과 식물, 계절의 이야기들을 직접 오려내 정성이 담긴 카드를 만들 수 있도록 준비했습니다. 일상에서 지지 않는 작은 종이꽃들을 피워보시길 바랍니다.

영민

Contents

차례

How to use

이 책을 사용하는 법

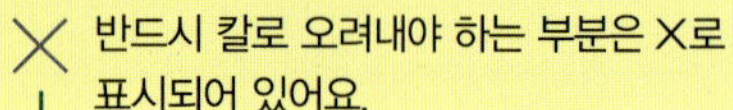

× 반드시 칼로 오려내야 하는 부분은 ×로 표시되어 있어요.

---- 반으로 접어주세요.

＝ 칼로 홈을 파고 꽂을 꽂아주세요.

How to make

카드를 만드는 법

material 칼, 가위, 리본끈

1 외곽선을 따라 종이꽃과 카드지를 칼과 가위로 오려주세요. 접는 카드의 경우, 카드지 가운데 점선을 따라 심이 없는 샤프로 눌러 반으로 잘 접히도록 자국을 내줍니다.

2 종이꽃 안쪽의 흰색선은 칼을 이용해 조심스럽게 파주세요. 종이꽃의 잎자루가 섬세하므로 오릴 때 주의하세요. 카드지에 표시된 칼선에도 종이꽃을 꽂을 홈을 내주세요.

3 카드지 칼선에 낸 홈에 종이꽃을 꽂아주세요. 엄지손가락으로 홈 아래쪽을 눌러주면 좀더 잘 들어갑니다. 넣기가 어렵다면 종이꽃을 위쪽 홈으로 집어넣은 뒤, 카드를 뒤집어 아래쪽 홈으로 손이나 칼끝을 이용해 집어넣어주세요.

4 취향에 따라 리본이나 노끈 등으로 종이꽃에 묶어 꽂으면 더욱 사랑스러운 카드가 완성됩니다.

Rose

사랑하는 사람에게 건네는 로맨틱한 한 송이

장미

'사랑을 고백할 때는 장미' 상투적인 것 같고 뻔한 선택이라고 생각했죠. 얼마 전 해질녘 오렌지빛이 부드럽게 도는 시간에 우연히 방문한 5월의 장미정원에서 장미가 왜 그토록 오랫동안 연인들에게 사랑받아왔는지 알 수 있었어요. 겹겹이 피어난 화려함과 아름다움, 취할 것 같은 향기를 당신에게 주고픈 마음. 로맨틱한 기분을 담은 장미카드를 만들어보세요.

Design p.37-40

Narcissus

상상력을 불러일으키는 봄의 꽃

수선화

—

꽃에 담긴 전설과 꽃말들을 접할 때 왜 이 꽃은 이러한 상상력을 불러일으켰을까 생각해보기도 합니다. 긴 꽃대 위에 청순하게 핀 꽃이 살짝 아래를 내려다보고 있는 그 모습에서 누군가는 물속에 비친 자신의 모습에 반해 호수에 빠진 나르키소스를 상상했고, '자기애'와 '자존심'이라는 꽃말을 가지게 되었습니다. 이런 전설과 꽃말들은 꽃을 더 다채롭게 즐길 수 있도록 해주지만 가끔은 다른 이야기를 붙여주고 싶을 때도 있죠. 물에 빠질 정도의 자기애보다 좀더 밝고 행복한 봄의 이야기를 상상해봅니다.

Design p.41-44

Hydrangea

여름의 물기를 머금은 꽃다발

수국

수국의 꽃말은 '진심', '변덕', '처녀의 꿈'이에요. 무더운 여름에 내리는 비는 청량감을 주지요. 평소 비를 좋아하지 않는 사람도 이런 비라면 좋아할 거예요. 빗소리를 들으며 침대에 누워, 읽다만 책도 마저 읽고 오랜만에 상큼 달달한 선율의 음악을 재생시키는 날. 그런 물기를 머금은 날에 어울리는 꽃은 역시 하늘색 수국이에요. 풍성한 수국은 여름이 선물해준 꽃다발 같습니다.

Design p.45-48

Tropical Plant

열대에서 만난 진한 초록

열대식물

알로카시아, 팔손이, 메조, 유카… 열대식물 특유의 커다랗고 넓은 잎사귀와 찌를 듯이 뾰족한 잎사귀. 진한 초록의 열대식물들 사이로 선명한 색깔의 깃털을 가진 새가 날아옵니다. 노란 새와 열대우림의 잎들로 만드는 시원하고 이국적인 분위기의 엽서예요.

Design p.49-52

Cactus

평온하고 아름다운 종이 온실

선인장

—

우연히 어느 식물원을 방문했어요. 식물 사이를 발길 닿는 대로 걷다 발견한 유리 온실 속에는 따뜻한 햇살의 공기와 멋진 선인장들이 가득했습니다. 집에 돌아와 그 평온하고 아름다운 풍경을 생각하며 작은 종이 온실을 만들고 선인장을 그 속에 담아봅니다.

Design p.53-56

Lily of the valley

아침 숲의 요정

은방울꽃

5월의 선선한 어느 날 아침, 산에 오르다 은방울꽃을 만났습니다. 종 모양의 앙증맞은 하얀 꽃들이 계단처럼 피어 있는 모습이 사랑스러운 은방울꽃. 투명한 아침이슬이 맺힌 은방울꽃은 어떤 화려한 꽃보다 아름다운 숲 속의 요정 같습니다. 아침에 본 꽃을 떠올리며 종이 은방울꽃을 오려봅니다.

Design p.57-60

Snow Summit
Ski Area
SKETCH BOOK

Rose of China

뜨거운 해변의 추억

히비스커스

답답한 일상에서 벗어나 훌쩍 비행기에 몸을 싣고 향한 남쪽의 나라. 어딜 가도 바다와 햇빛 그리고 히비스커스가 있었습니다. 한 손에는 특산맥주, 한 손에는 블루투스 스피커를 들고 시원한 바다에 발을 담구었죠. 호텔로 돌아오는 길에 수없이 피어 있는 히비스커스를 따와, 하나는 꽃병 대신 물잔에, 그리고 하나는 귀 옆에다 꽂아두었습니다.

Design p.61-64

the POOL

Greenleaf

단순하고 소박한 아름다움

초록잎사귀

—

화려한 꽃 없이도, 잎만으로도 이렇게 아름다울 수 있을까. 녹색이라는 단순한 색을 가진 듯 보이지만 자세히 들여다보면 잎들이 충분히 다채로운 색과 무늬들을 가지고 있어요. 그 잎을 가만히 들여다보면 쉬지 않고 빠르게 달려왔던 속도에 지쳤던 마음이 진정되며 편안해집니다. 작고 소박한 평화를 가져다주는 초록잎사귀를 방 안에 놓아보세요.

Design p.65-68

Fallen leaves

산에 풀어진 붉은 물감을 주워담다

낙엽

—

녹색의 산 위로 빨간색, 노란색 물감들이 번져나가고, 붉고 노란 물감을 충분히 머금은 잎들은 살랑살랑 떨어져 내리는 10월. 가을이 되면 붉은 산으로 놀러가 주워온 낙엽들을 책 사이에 끼워놓고는 까맣게 잊어버렸지요. 어느날 아무 생각 없이 펼쳐본 책에서 팔랑, 하고 낙엽이 떨어지자, 생생하게 다시 그때의 가을날이 떠오릅니다. 가을의 가장 예쁜 순간들을 담은 낙엽 카드를 만들어 봉투에 담아보세요.

Design p.69-72

CLASSIC ERASER
THE WORLD OF
PETER RABBIT™
©FW & Co. Ibis

Cotton flower

따뜻하고 포근한 기분

목화꽃

뜨거웠던 여름이 엊그제 같은데 어느새 매서워진 찬바람에 코트를 꺼냅니다. 따뜻한 코코아 한 잔과 향초 그리고 겨울 내내 따뜻하고 포근한 기분을 전해주는 목화꽃을 방 한구석에 놓아두며 준비하는 겨울. 추운 겨울을 함께 보내고 싶은 친구에게도 목화꽃을 선물해보세요.

Design p.73-76

Succulent

꽃 대신

다육이

책상 위의 오랜 친구가 되어주는 다육식물과 뾰족뾰족 공기 중의 수분과 먼지를 먹고사는 틸란드시아. 화려한 색깔과 모양의 꽃들도 좋지만 가끔은 수수하고 작은 식물들이 더 예뻐보이는 날이 많아집니다. 화분에 심어두어도 좋지만 꽃다발로 만들어도 유니크하고 매력적인 다육꽃다발 카드를 만들어보세요.

Design p.77-80

PADDYWAX
APOTHECARY
GERANIUM
& BASIL
ROOM SPRAY

Tulip

네덜란드 여행

튤립

—

튤립하면 반사적으로 모네가 그린 네덜란드의 튤립 밭이 떠오릅니다. 어릴 적 화집에서 그 그림을 보고 언젠가 네덜란드를 가고 싶다고 생각했지요. 봄의 꽃인 튤립이지만 튤립을 심는 시기는 10월부터 12월까지라고 합니다. 양파 모양의 구근 상태로 차가운 겨울 내 흙 속에서 힘을 비축한 튤립은 다음해 봄에 색색깔의 사랑스러운 꽃으로 피어납니다.
네덜란드의 튤립축제를 위한 튤립 구근들도 이 추운 계절에 다음 봄을 준비하고 있겠군요. 작은 종이에 나만의 튤립을 심으며 올 겨울의 우리에게, 내년의 우리에게 편지를 써보는 것도 좋겠어요.

Design p.81-84

Clover

행운을 빌어요!

클로버

—

〈허니와 클로버〉라는 만화를 아시나요? 여자주인공이 남자주인공을 위해 클로버 밭에서 네잎 클로버들을 찾아 꿀이 발라진 식빵에 넣어주는 장면이 나옵니다. 네잎 클로버가 정말 행운을 가져다주는지는 모릅니다. 하지만 그것이 찾기 어려운 것임을 알기에, 작은 네 잎을 찾기 위해 애써준 것을 알기에 받는 이는 힘을 낼 수 있는 것이겠지요. 네잎 클로버가 숨어 있는 녹색의 클로버 밭을 카드에 옮겨봅니다. 나의 정성이 그에게 행운을 가져다주기를 바랍니다.

Design p.85-88

Rose
Flower Paper Card

Rose
Flower Paper Card

Narcissus

Narcissus
Flower Paper Card

Narcissus
Flower Paper Card

Hydrangea

Hydrangea
Flower Paper Card

Hydrangea
Flower Paper Card

Tropical Plant
Flower Paper Card

Tropical Plant
Flower Paper Carc

Cactus

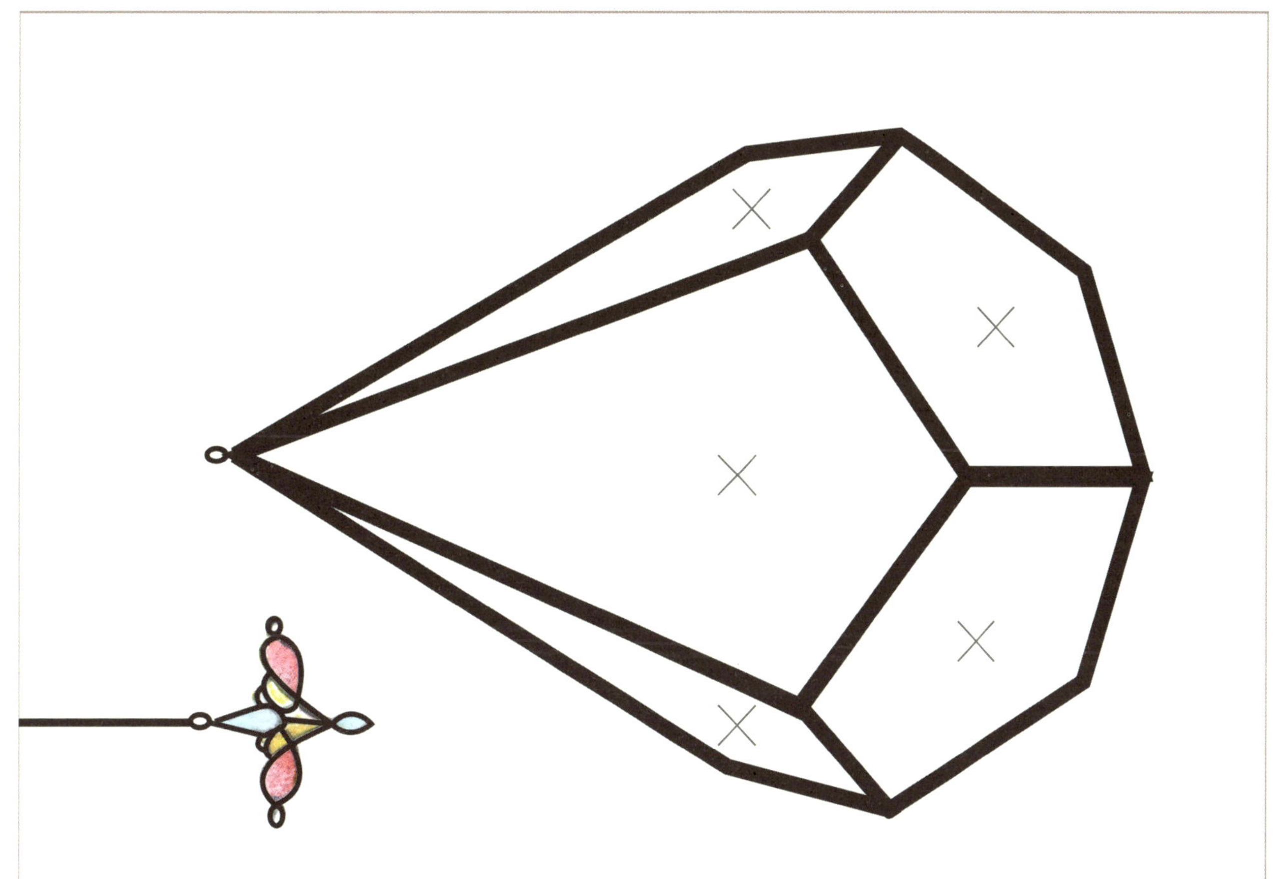

Cactus

Flower Paper Card

Lily of the valley

Lily of the valley
Flower Paper Card

Rose of china
Flower Paper Card

Rose of china
Flower Paper Card

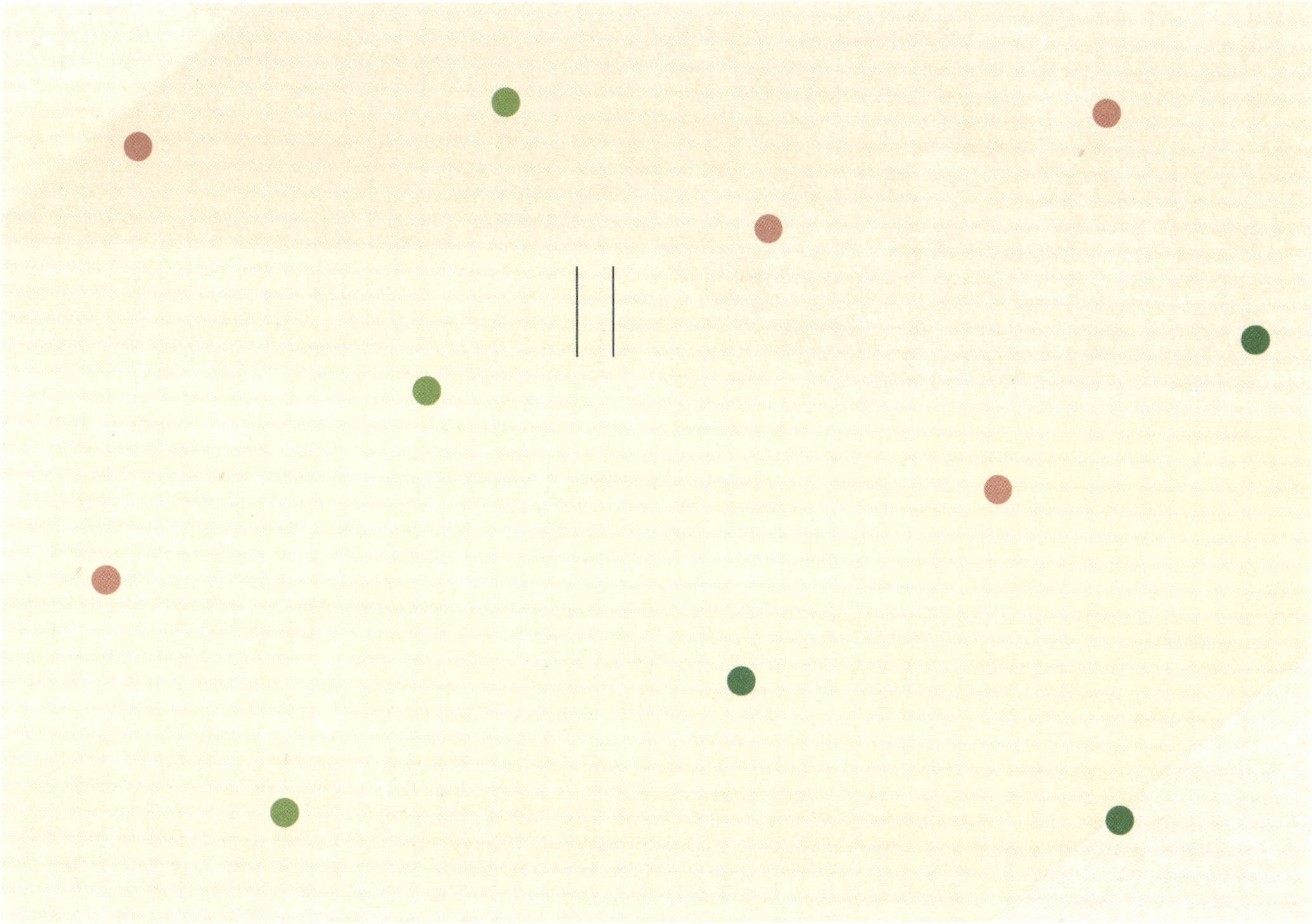

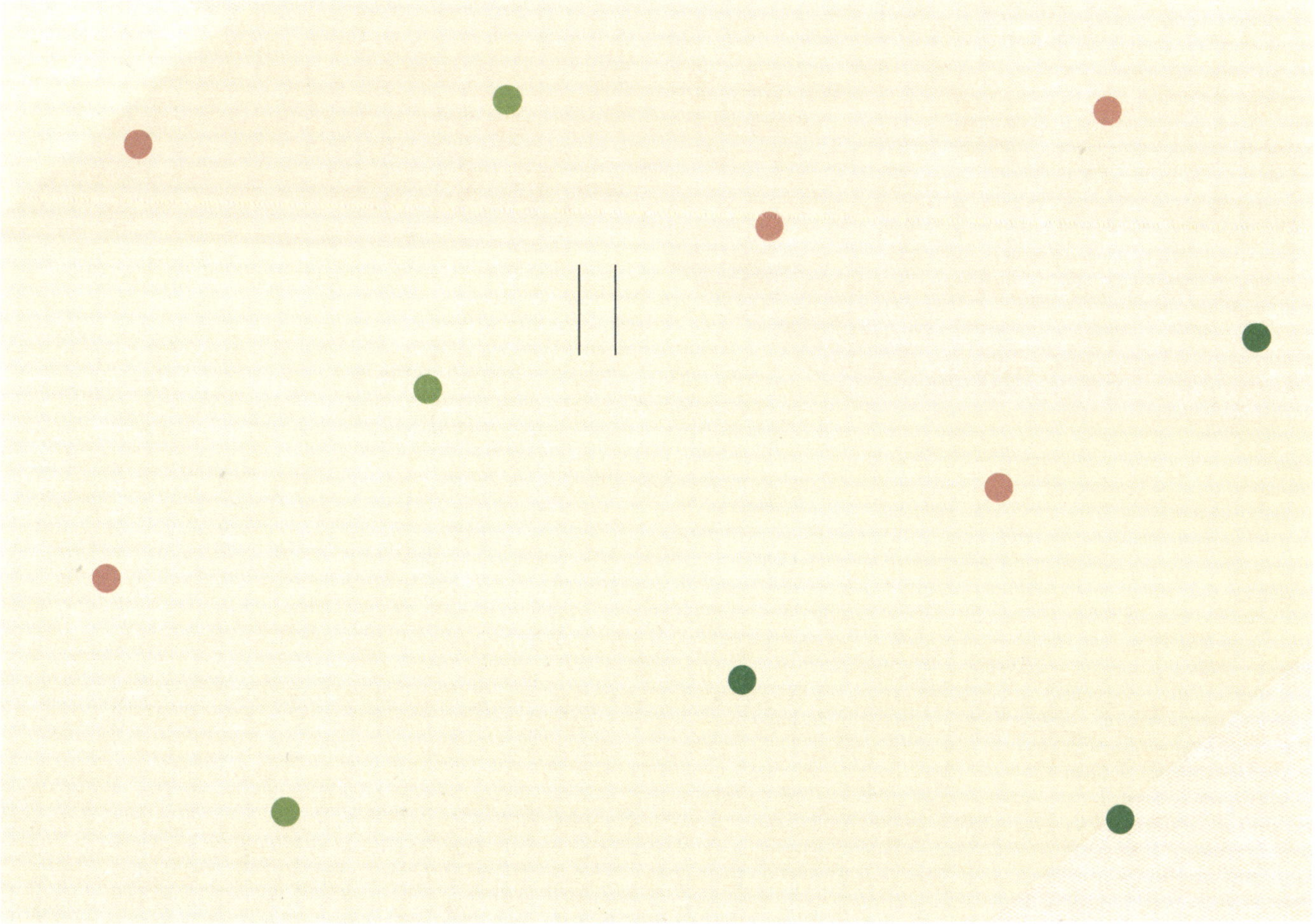

Greenleaf
Flower Paper Card

Greenleaf
Flower Paper Card

Fallen leaves

Fallen leaves
Flower Paper Card

Cotton flower

Cotton flower
Flower Paper Card

Cotton flower
Flower Paper Card

Succulent

Succulent
Flower Paper Card

Tulip

Tulip
Flower Paper Card

Tulip
Flower Paper Card

Clover

Flower Paper Card

Clover

Flower Paper Card